炊飯器まかせで 野菜がもりもり食べられる

炊き込み
ベジごはん

市瀬悦子

はじめに

野菜の食べ方といえば、サラダ、煮もの、炒めもの……いつも似たような料理になってしまう。そんなときは、炊き込みごはんにしてみませんか？

この本でご紹介するのは、野菜とごはんのうま味が溶け合う"炊き込みベジごはん"です。炊飯器で加熱するにんじんやキャベツ、トマトなどは甘みが増してとろけるようなやわらかさになり、炊き上がり後に混ぜ込む菜の花や小松菜はフレッシュな食感と鮮やかな色味が引き立ちます。それぞれの野菜の特徴を生かして、ごはんと一緒に口に運んだとき、いちばんおいしく感じるバランスを考えました。

野菜メインの炊き込みごはん以外にも、肉や魚を加えたおかずいらずのものも。お昼ごはんや小腹がすいたときに食べられるように、余った分は冷凍保存しておくと、家族に喜ばれる一品として、大活躍してくれると思います。

忙しくても手軽に野菜をたっぷりとれる"炊き込みベジごはん"で、ビギナーからお料理好きの方まで、野菜の新たなおいしさに出会えることを願って。

こんな人におすすめの一冊!

1. 野菜不足の人

意識せずに野菜をもりもり食べられるのが、ベジごはん最大の特徴。**炊飯器加熱で野菜のカサが減るので量をたくさんとれます。** 普段、サラダで野菜を一生懸命とろうとしている方におすすめです。ゆでると栄養が逃げる葉野菜、生では食べにくい根菜類の弱点も、ごはんと一緒に炊き込んで解消!

2. 冷蔵庫に野菜が余りがちな人

この本に登場する野菜は51種類。使いそびれてしまう調理しにくい野菜でも、**面倒な下処理を省いて、とびきりおいしくアレンジできるレシピを揃えました。** とりあえず野菜を買ったけれど、気がついたら傷んでいる……なんてこともなくなります。

3. 仕事や育児で忙しい人

仕事や育児が忙しくて食事を作る余裕がなくても大丈夫。調理は炊飯器に米、野菜、具材、調味料、水を入れてスイッチオンするだけ。炒める、焼くといった面倒な工程はありません。1〜2人暮らしのご家庭でも、**食べきれずに余った分はラップに包んで冷凍すれば2〜3週間保存も可能!** ただし、じゃがいも、たけのこを使った炊き込みごはんは、野菜の食感が変わってしまうので冷凍は避けましょう。

冷凍保存もOK

4. 家族の野菜嫌いに悩む人

炊飯器でじっくり加熱された野菜は、甘みがギュッと凝縮され、食感は驚くほどやわらかく変化。**苦みや酸味のある野菜でもクセがやわらいで食べやすくなります。** 家族が野菜嫌いで献立に困ったら、肉や魚を加えたレシピが◎。1膳で野菜、炭水化物、たんぱく質がとれます。

5. 料理初心者

炊飯器さえあれば、手間なく作れるのでとても簡単。**自炊を始めたばかりのビギナーでも失敗しません。** おいしさを引き出す野菜の切り方や、組み合わせる具材のポイント、和・洋・中・韓・エスニックなどバリエーション豊富なレシピで料理の腕が上がります。

Contents

Part1
春野菜で作る炊き込みベジごはん

Part2
夏野菜で作る炊き込みベジごはん

PART3
秋野菜で作る炊き込みベジごはん

PART4
冬野菜で作る炊き込みベジごはん

COLUMN

<この本での約束ごと>

- 材料や作り方で表記している1合は180㎖、大さじ1は15㎖、小さじ1は5㎖、1カップは200㎖です。
- 炊飯は、基本的に炊き込みモードで行います。炊き込みモードがない場合は、普通の炊飯モードで炊いてかまいません。
- 本書では、5.5合炊きの炊飯器を使用しています。3合炊きの炊飯器をご使用になる場合、材料はすべて半量が目安になります。
- 水加減は、季節や米の品種によって変わるため、好みで調整してください。
- しょうゆは濃口しょうゆを使用しています。
- だし汁は、だし汁のとり方（P20）をご紹介していますが、だしパックなどをお使いいただいてもかまいません。
- 当日中に食べきれない場合は、冷凍保存をおすすめします。

野菜先入れ

基本の炊き込みベジごはん①
キャベツとじゃこごはん

炊き込みベジごはんの作り方は、大きく分けて2種類。1つめは野菜と米を一緒に炊く方法です。キャベツなど堅めの葉物野菜や根菜を炊き込むのに適しています。じっくり炊飯器で加熱すると野菜の甘みが増し、やわらかい食感に。苦みやクセが減るのでお子さんでも食べやすくなります。

材料（4人分）

米…2合
キャベツ…4〜5枚（200g）
ちりめんじゃこ…30g

A ┌ 酒…大さじ2
　├ みりん…大さじ2
　├ しょうゆ…大さじ1/2
　└ 塩…小さじ2/3

作り方

米は洗って30分ざるに上げる

米は炊く30分前に洗ってざるに上げておく。ざるの側面に沿わせ、中心をくぼませるのがポイント。

※ざるに上げておくことで米が水分を吸収し、その後に加える調味液もしみ込みやすくなります。

材料を切る

キャベツはひと口大に切る。

※炊飯すると野菜はとてもやわらかくなります。しゃもじで混ぜたときに存在感が残るよう、野菜の種類によって切り方を変えます。

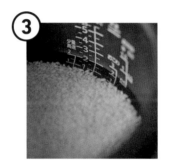

「調味料→水」の順に入れる

炊飯器の内釜に米、**A**を入れ、2合の目盛りまで水（分量外）を入れて混ぜる。

※酒やしょうゆなどの液体調味料も水分の一部。先に水を2合の目盛りまで入れて調味料を足すと、水分が多すぎてごはんがベチャッとする原因に。

野菜と具材を入れて炊く

キャベツ、ちりめんじゃこの順に重ねて広げ入れ、炊飯する。

※まず野菜を入れ、その上に肉や魚などの具材をのせます。炊飯中に上の具材から出るだしがシャワーのように野菜にしみ込み、具材と野菜のうま味を下の米が吸収します。炊きムラを防ぐため、具材と米は混ぜません。

ざっくり混ぜる

炊き上がったらざっくりと混ぜる。しゃもじで混ぜているうちにやわらかくなった野菜が自然とほぐれ、米や他の具材となじんでいきます。

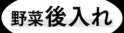
野菜後入れ

基本の炊き込みベジごはん②
セロリと鶏ひき肉のナンプラーごはん

次に、炊き上がり後に野菜を加える方法を紹介します。色味や香り、歯ごたえを残したい野菜におすすめです。熱が入りやすい野菜はすぐに、少し堅めの野菜は数分蒸らしてから混ぜ込みます。

※野菜を後から加えるレシピには、材料表に「※後入れ」と記載しています。

材料（4人分）

米…2合
鶏ひき肉…200g
セロリの茎…2本（200g）
セロリの葉
　　…2本分（30g）※後入れ

A ┌ 酒…大さじ3
　　├ ナンプラー…大さじ2
　　└ こしょう…少々

作り方

① 米は炊く30分前に洗ってざるに上げておく。セロリの茎は筋をとって縦半分に切ってから斜め薄切り、葉はざく切りにする。

② 炊飯器の内釜に米、**A**を入れ、2合の目盛りまで水（分量外）を入れて混ぜる。セロリの茎、ひき肉の順に重ねて広げ入れ、炊く。

③ 炊き上がったら、すぐにセロリの葉を加え、ざっくりと混ぜる。

炊き上がった後、野菜を入れる

セロリの葉は、炊き上がり後すぐに混ぜ込み軽く熱を入れる。葉の緑色が鮮やかになり、ハーブのような香りが立つ。

Spring

PART1

春野菜で作る
炊き込みベジごはん

やわらかな光を浴びて植物が芽吹く春。
寒い季節を乗り越えて育った
みずみずしい新にんじんや
春キャベツ、ほろ苦い菜の花や
香り高いたけのこなど、
生命力の強さを感じる野菜が揃います。
短い旬を逃さずに、ごはんとの調和を楽しんで。

くずしにんじんと鶏肉のミルクごはん

大胆に縦半分で炊き込んだにんじんが、フルーツのように甘くジューシー。
まろやかなミルクのコクとガーリックをきかせた洋風アレンジ。

材料（4人分）

米…2合
にんじん…大1本（200g）
鶏もも肉…小1枚（200g）
ローリエ…2枚

塩…小さじ¼
A ┌ にんにく（すりおろす）…½片分
　│ 牛乳…1カップ
　│ 白ワイン…大さじ3
　│ 塩…小さじ⅔
　└ こしょう…少々
粗びき黒こしょう…少々

ローリエ

月桂樹の葉を乾燥させたもので、
清涼感のある芳香とわずかな苦み
が特徴。肉や魚介類の臭み消し、
ピクルスの香りづけに使われる。
古くなると香りが減少するため、少
量タイプの購入がおすすめ。

作り方

① 米は炊く30分前に洗ってざるに上げておく。にんじんは皮をむいて縦半分に切る。鶏肉は小さめのひと口大に切って塩をふる。

② 炊飯器の内釜に米、Aを入れ、2合の目盛りまで水（分量外）を入れて混ぜる。ローリエ、にんじんを中央に、その周りに鶏肉を広げ入れ、炊飯する。

③ 炊き上がったらにんじんを粗く切るようにくずしながら、ざっくりと混ぜる（a）。器に盛りつけ、粗びき黒こしょうをふる。

にんじんと豚そぼろのしょうがごはん

にんじんたっぷり2本分！ 栄養満点で彩り鮮やかなベジごはん。
甘いにんじんと豚そぼろを、しょうがの風味で引きしめます。

材料（4人分）

米…2合
にんじん…2本（300g）
豚ひき肉…200g
しょうが（せん切り）…2片分

A ┌ みりん…大さじ2
　├ しょうゆ…大さじ2
　└ 塩…小さじ¼

作り方

① 米は炊く30分前に洗ってざるに上げておく。にんじんは皮をむき、スライサー（なければ包丁）で3～4cmの長さの細切りにする（**a**）。

② 炊飯器の内釜に米、**A**を入れ、2合の目盛りまで水（分量外）を入れて混ぜる。しょうが、にんじん、ひき肉の順に重ねて広げ入れ、炊飯する。

③ 炊き上がったらざっくりと混ぜる。

ごろごろ新じゃがと牛肉のみそごはん

新じゃがいもは皮ごと、ホクホク野性味のある香りごと味わって。
牛肉とみそのこっくりしたうま味が溶け合い、おかずいらずの満足感。

材料（4人分）

米…2合
新じゃがいも…小6個（300g）
牛こま切れ肉…200g

塩…小さじ¼

A ┌ みそ…大さじ2
　　 みりん…大さじ2
　　└ 塩…小さじ¼

作り方

① 米は炊く30分前に洗ってざるに上げておく。新じゃがいもはよく洗い、皮つきのまま4つ割りにする。牛肉に塩をふる。

② 炊飯器の内釜に米、あらかじめ混ぜておいた**A**を入れ、2合の目盛りまで水（分量外）を入れて混ぜる。じゃがいも、牛肉の順に重ねて広げ入れ、炊飯する。

③ 炊き上がったらざっくりと混ぜる。

溶けにくいみそは、ほかの調味料としっかり混ぜ合わせてから加えることで、具材とごはんにまんべんなくいきわたる。

くたっとキャベツの塩昆布ごはん

生のキャベツでは味わえない、強い甘みとくたっとしたやわらかさ。
だしにもなる塩昆布の味わい深い塩けで、おにぎりにもおすすめ。

材料（4人分）

米…2合
キャベツ…4〜5枚（200g）
塩昆布…20g

A ┌ 酒…大さじ2
　├ みりん…大さじ2
　├ しょうゆ…大さじ1
　└ 塩…小さじ⅓
白いりごま…大さじ1

作り方

① 米は炊く30分前に洗ってざるに上げ
ておく。キャベツはひと口大に切る。

② 炊飯器の内釜に米、**A**を入れ、2合
の目盛りまで水（分量外）を入れて
混ぜる。キャベツ、塩昆布の順に重
ねて広げ入れ、炊飯する。

③ 炊き上がったら白いりごまを加え（**a**）、
ざっくりと混ぜる。

キャベツとパセリのアンチョビライス

相性抜群のキャベツ＆アンチョビが米となじみ、新たなおいしさに。
仕上げのパセリはたっぷりと。さわやかな香りと彩りをプラスします。

材料 (4人分)

米…2合
キャベツ…4〜5枚 (200g)
アンチョビ…8枚 (25g)
ローリエ…2枚
パセリ (みじん切り)
　…5本分 ※後入れ

A ┌ 白ワイン…大さじ3
　　├ 塩…小さじ⅔
　　└ こしょう…少々
オリーブオイル…大さじ1

作り方

① 米は炊く30分前に洗ってざるに上げ
ておく。キャベツはひと口大に切る。
アンチョビは粗く刻む。

② 炊飯器の内釜に米、**A**を入れ、2合
の目盛りまで水(分量外)を入れて混
ぜる。アンチョビ、ローリエ、キャ
ベツの順に重ねて広げ入れ、炊飯す
る。

③ 炊き上がったらオリーブオイルを回し
入れ、パセリを加え、ざっくりと混ぜる。

アンチョビ

かたくちいわしの塩漬け。熟成
発酵した濃厚なうま味と強い塩
けがあり、パスタのソースやピ
ザのトッピングにも使われる。

とろける新玉ねぎの桜えびごはん

新玉ねぎの白と桜えびの淡いピンク色が春らしい一品。

とろりと甘い新玉ねぎを、風味豊かな桜えびの塩けが引き立てます。

材料（4人分）

米…2合
新玉ねぎ…2個（400g）
桜えび…15g

A ┌ 酒…大さじ2
　├ みりん…大さじ2
　└ 塩…小さじ2/3

作り方

① 米は炊く30分前に洗ってざるに上げておく。玉ねぎは芯を除いて6つ割りにする。

② 炊飯器の内釜に米、**A**を入れ、2合の目盛りより大さじ2程度少なめに水（分量外）を入れて混ぜる。玉ねぎ、桜えびの順に重ねて広げ入れ、炊飯する。

③ 炊き上がったらざっくりと混ぜる。

玉ねぎとドライトマトのイタリアンライス

凝縮された玉ねぎの甘み、オリーブのコク、にんにくの香りの三重奏。辛口の白ワインを合わせて、おもてなしにもぴったりです。

材料（4人分）

米…2合
玉ねぎ…1個（200g）
ドライトマト…30g
にんにく（みじん切り）…1片分
ブラックオリーブ（種抜き）…12個
ローリエ…2枚

A ┌ 白ワイン…大さじ3
　　├ 塩…小さじ2/3
　　└ こしょう…少々

オリーブオイル…大さじ1
イタリアンパセリ（粗みじん切り）
　　…適量

作り方

① 米は炊く30分前に洗ってざるに上げておく。玉ねぎはひと口大に切る。ドライトマトは1cm程度に刻む。

② 炊飯器の内釜に米、**A**を入れ、2合の目盛りまで水（分量外）を入れて混ぜる。ローリエ、にんにく、ドライトマト、玉ねぎ、オリーブの順に重ねて広げ入れ、炊飯する。

③ 炊き上がったらオリーブオイルを回し入れ、ざっくりと混ぜる。器に盛りつけ、イタリアンパセリをふる。

ドライトマト

乾燥することで生のトマトよりも甘みやうま味が凝縮。だしが出るため、深い味わいに。

ブラックオリーブ

オリーブの実が熟したもので、ほのかな甘みとクセのない味わいが特徴。

クレソンと玉ねぎのアジアンライス

つけ合わせイメージのクレソンが主役。ピリッとした辛みでナンプラー
ベースのごはんがさわやかに。アーモンドの食感と甘みがアクセント。

材料（4人分）

米…2合
クレソン…1束（40g）※後入れ
玉ねぎ…1個（200g）
しょうが（せん切り）…1片分

A
- 酒…大さじ2
- ナンプラー…大さじ2
- こしょう…少々

アーモンド（素焼き）…60g
レモン（くし形切り）…適量

作り方

① 米は炊く30分前に洗ってざるに上げておく。玉ねぎはひと口大に切る。クレソンは葉先は摘んでざく切り、茎は1cm幅に切る。

② 炊飯器の内釜に米、**A**を入れ、2合の目盛りまで水（分量外）を入れて混ぜる。しょうが、玉ねぎを順に広げ入れ、炊飯する。

③ 炊き上がったらクレソン、アーモンドを加え、ざっくりと混ぜる。器に盛りつけ、レモンを添える。

グリーンピースとしらすの昆布だしごはん

グリーンピースはゆでずに生のまま炊き込み、豆の風味をお米にしみ込ませます。
豆が持つ淡い甘さをじゃましない昆布のだしをきかせて。

材料（4人分）

米…2合
グリーンピース（むき身）
　…150g
しらす干し…40g
昆布(5×5cm)…1枚

A ┌ 酒…大さじ2
　　└ 塩…小さじ⅔

作り方

① 米は炊く30分前に洗ってざるに上げておく。

② 炊飯器の内釜に米、**A**を入れ、2合の目盛りまで水（分量外）を入れて混ぜる。昆布、グリーンピース、しらすの順に重ねて広げ入れ、炊飯する。

③ 炊き上がったら昆布を取り出し、ざっくりと混ぜる。

昆布は乾燥状態で一緒に炊飯。炊いている間に、具材やごはんにだしがしみ込む。

おみそ汁にも使えて万能！ だし汁のとり方

和食の味を支える"だし"。中でも昆布とかつおを使った合わせだしは、うま味の相乗効果が生まれ、単体の素材のだしよりも強いうま味が感じられます。だしをきかせると塩やしょうゆなどの塩分を減らせるので、野菜の風味が引き立つメリットも。本書の炊き込みごはんはもちろん、おみそ汁や煮ものに活用して一段上の味に！
※だし汁は、だしパックなどでも代用可能です。

材料（約1000ml分）

水…6カップ（1200ml）
昆布（10×5cm）…1枚
かつお節…20g

冷蔵3日、冷凍3週間の保存OK！

作り方

① 昆布は固くしぼった厚手のペーパータオル（またはふきん）で表面をさっと拭く。鍋に水、昆布を入れ、30分ほどおいておく。

② 鍋を弱火にかけ、昆布からプツプツと小さな泡が出たら、昆布を取り出す。

③ 中火にして、煮立つ直前まで温めたら、かつお節を鍋に広げるようにして一度に入れる。すぐに弱火にし、菜箸でそっと沈めて1分ほど煮出す。火を止め、かつお節が沈むまでおく。

④ ざるにペーパータオルを敷いてこす。

旬を味わう！ たけのこのゆで方

材料

たけのこ
（皮つき1本300〜350g）
…3本
米ぬか…½カップ
※たけのこは、ゆでた後に皮をむくと1本150g程度になる。

冷蔵で5日間の保存OK！

保存容器にたけのことかぶる量の水を入れて冷蔵庫へ。水は毎日取り替え5日ほどで使いきる。

作り方

① たけのこは流水で土を洗い落とす。穂先を斜めに切り落とし、深さ⅓程度まで縦に1本切り込みを入れる。

② 深さのある鍋に①を入れ、かぶる量の水と米ぬかを加える。強火にかけ、煮立ったら弱めの中火（ゆで汁の表面がフツフツする程度）にする。たけのこが浮かないよう耐熱皿をかぶせ、吹きこぼれないように60分ほどゆでる（水が減ってきたら適宜足す）。

③ たけのこの根元に竹串が刺されればOK。火を止めて、ゆで汁の中で完全に冷ます。

④ たけのこを取り出し、ぬかを洗い落とす。縦に入れた切り込みからやわらかい部分が出てくるまで皮をむく。

たけのこのだしごはん

香り高くほっこりとした甘みが身上のたけのこは、春野菜の代表格。
油揚げでコクを加え、だしをきかせたやさしい味で炊き込みます。

材料（4人分）

米…2合
ゆでたけのこ（→P20）…300g
油揚げ…1枚

A ┌ しょうゆ…大さじ½
　　│ 酒…大さじ4
　　│ みりん…大さじ2
　　└ 塩…小さじ⅔

だし汁（→P20）
　…適量（※約300㎖）
※炊飯器の目盛りに合わせて分量は調整

木の芽…適量

作り方

① 米は炊く30分前に洗ってざるに上げ
ておく。たけのこは穂先は3cmほど
の薄いくし形切り、軸は3cmほどの
薄切りにする。油揚げはペーパータ
オルにはさんでおさえて油抜きし、横
半分に切って、縦に細切りにする。

② 炊飯器の内釜に米、**A**を入れ、2合
の目盛りまでだし汁を入れて混ぜる。
たけのこ、油揚げの順に重ねて広げ
入れ、炊飯する。

③ 炊き上がったらざっくりと混ぜる。
器に盛りつけ、木の芽を添える。

木の芽

さわやかな香りが特徴の山椒の
若芽。手のひらでたたくと柑橘
のような芳香が立つ。保存方法
は、湿らせたキッチンペーパー
にはさんで容器に入れ、冷蔵で
5日程度。

菜の花とツナのだしごはん

春を知らせる菜の花は、ほのかな辛みとほろ苦さが大人の味わい。
花が開くと味が落ちるので、つぼみがしまり茎にハリがあるものを選んで。

材料（4人分）

米…2合
菜の花…小1束（150g）※後入れ
ツナ缶（オイル漬け）…1缶（70g）

A ┌ 酒…大さじ4
　　├ みりん…大さじ2
　　├ しょうゆ…小さじ1
　　└ 塩…小さじ⅔
だし汁（→P20）…適量（※約300㎖）
※炊飯器の目盛りに合わせて分量は調整

作り方

① 米は炊く30分前に洗ってざるに上げておく。菜の花は茎を縦半分に切った後、端から2〜3cm幅に刻む（**a**）。ツナは缶汁をきる。

② 炊飯器の内釜に米、**A**を入れ、2合の目盛りまでだし汁を入れて混ぜる。ツナを広げ入れ、炊飯する。

③ 炊き上がったら菜の花を広げ入れ（**b**）、もう一度ふたをする。10分ほど蒸らし、ざっくりと混ぜる。

菜の花は炊き上がり後に加え、色鮮やかに仕上げる。蒸らしで火を通すため、茎は縦半分にしてから、2〜3cm幅に刻む。

フレッシュアスパラと玉ねぎのだしごはん

アスパラガスは下ゆでせず、生のまま加えて、フレッシュな香りを楽しみます。
できるだけ薄く切ることでサッと熱が入り、なめらかで繊細な歯ざわりに。

材料（4人分）

米…2合
グリーンアスパラガス
　…5本（120g）※後入れ
玉ねぎ…1個（200g）

A ┌ 酒…大さじ4
　　├ みりん…大さじ2
　　└ 塩…小さじ⅔

だし汁（→P20）
　…適量（※約300㎖）

※炊飯器の目盛りに合わせて分量は調整

作り方

① 米は炊く30分前に洗ってざるに上げておく。アスパラガスは根元の堅い部分をピーラーでむいて、ごく薄い斜め切りにする。玉ねぎは1cm幅のくし形切りにする。

② 炊飯器の内釜に米、**A**を入れ、2合の目盛りまでだし汁を入れて混ぜる。玉ねぎを広げ入れ、炊飯する。

③ 炊き上がったらアスパラガスを広げ入れ（**a**）、もう一度ふたをする。10分ほど蒸らし、ざっくりと混ぜる。

豆苗と豚バラのだしごはん

えんどう豆の若芽である豆苗はシャキシャキ感が小気味よく、濃厚な
豚の脂と好相性。食欲をそそるにんにくの香りで、あとをひくおいしさ。

材料（4人分）

米…2合
豆苗…1パック（正味100g）※後入れ
豚バラ薄切り肉…200g

塩…小さじ1/4

A ┌ にんにく（すりおろす）
　　　　…¼片分
　　└ 酒…大さじ4
　　　 みりん…大さじ2
　　└ 塩…小さじ⅔
だし汁（→P20）
　　　…適量（※約300㎖）

※炊飯器の目盛りに合わせて分量は調整

作り方

① 米は炊く30分前に洗ってざるに上げておく。豆苗は根元を切り落とし、2cm幅に切る。豚肉は2cm幅に切って塩をふる。

② 炊飯器の内釜に米、**A**を入れ、2合の目盛りまでだし汁を入れて混ぜる。豚肉を広げ入れ、炊飯する。

③ 炊き上がったら豆苗を広げ入れ（**a**）、もう一度ふたをする。5分ほど蒸らし、ざっくりと混ぜる。

a

三つ葉の鯛だしごはん

和のハーブ・三つ葉は、上品な芳香とシャキシャキ感を生かすために
炊き上がった後に混ぜます。口の中でふわっとほどける鯛との相性は抜群。

材料（4人分）

米…2合
三つ葉…2株（正味50g）※後入れ
鯛の切り身…3切れ（240g）

塩…小さじ1/4
A ┌ 酒…大さじ4
　　├ みりん…大さじ2
　　├ しょうゆ…大さじ1/2
　　└ 塩…小さじ2/3
だし汁（→P20）
　　…適量（※約300㎖）
※炊飯器の目盛りに合わせて分量は調整

作り方

① 米は炊く30分前に洗ってざるに上げておく。三つ葉は葉を摘み、軸は2cm幅に切る。鯛は塩をふる。

② 炊飯器の内釜に米、**A**を入れ、2合の目盛りまでだし汁を入れて混ぜる。鯛をのせ、炊飯する。

③ 炊き上がったら鯛を取り出し、骨を除いて粗くほぐす（**a**）。三つ葉とともに加え、ざっくりと混ぜる。

a

Summer

PART 2

夏野菜で作る
炊き込みベジごはん

トマト、パプリカ、とうもろこし、枝豆……
鮮やかな色で食欲を刺激する夏野菜たち。
かじるとあふれ出す水分や甘みの強さが魅力です。
生のままでもおいしいですが、ごはんと炊くことで
さらにうま味が濃くなり、新しい魅力に出会えます。

丸ごとトマト炊きごはん

フレッシュトマトにしか出せない、自然な甘みと酸味、うま味が口いっぱいに広がる
究極のシンプルごはん。仕上げのオリーブオイルで青々しい香りを立たせて。

材料（4人分）

米…2合

トマト…2個（300g）

A ┌ 酒…大さじ2
  └ 塩…小さじ⅔

オリーブオイル…大さじ1

粗びき黒こしょう…適量

作り方

① 米は炊く30分前に洗ってざるに上げておく。トマト
はヘタをとり、ヘタと反対側に十字に切り込みを入
れる。

② 炊飯器の内釜に米、**A**を入れ、トマトをのせ（**a**）、2
合の目盛りまで水（分量外）を入れて混ぜる。
※トマトは水分が多いので、例外としてトマトをのせてから水を加
える。

③ 炊き上がったらオリーブオイルを加え（**b**）、ざっくり
と混ぜる。トマトの水分をなじませるため、10分ほ
ど蒸らす。器に盛りつけ、粗びき黒こしょうをふる。

とろっとなすと鶏ひき肉の梅しそごはん

ひと口ほおばると、なすがとろり。ひき肉やごはんとからんで一体感が生まれます。
仕上げに梅干しで酸味をしっかりきかせれば、暑い夏のごちそうに。

材料（4人分）

米…2合
なす…3本（240g）
鶏ひき肉…200g

A ┌ 酒…大さじ2
  │ みりん…大さじ2
  │ しょうゆ…大さじ1
  └ 塩…小さじ¼
梅干し…3個（正味30g）
大葉（せん切り）…適量

a

作り方

① 米は炊く30分前に洗ってざるに上げておく。なすはヘタを切り落とし、2cm角に切る（a）。梅干しは種を除いて包丁で粗くたたく。

② 炊飯器の内釜に米、Aを入れ、2合の目盛りまで水（分量外）を入れて混ぜる。なす、ひき肉の順に重ねて広げ入れ、炊飯する。

③ 炊き上がったら梅干しを加え、ざっくりと混ぜる。器に盛りつけ、大葉をのせる。

油揚げのみょうがごはん

い夏なすの相棒はシャリシャリ食感の夏みょうがに決まり。
コクも加わり、やさしいうま味が食欲を刺激します。

（+人分）

2合
　…3本 (240g)
ょうが…3個 ※後入れ
油揚げ…1枚

A ┌ 酒…大さじ2
　│ みりん…大さじ2
　│ しょうゆ…大さじ2
　└ 塩…小さじ¼

作り方

① 米は炊く30分前に洗ってざるに上げておく。なすは
ヘタを切り落とし、縦半分に切って1cm幅の斜め
切りにする。みょうがは縦半分に切って薄切りにす
る。油揚げはペーパータオルにはさんでおさえて油
抜きし、横半分に切って、縦に細切りにする。

② 炊飯器の内釜に米、Aを入れ、2合の目盛りまで水
（分量外）を入れて混ぜる。なす、油揚げの順に重
ねて広げ入れ、炊飯する。

③ 炊き上がったらみょうがを加え、ざっくりと混ぜる。

くたっとピーマンとさば缶の塩昆布ごはん

炊飯で甘さが大幅にアップするピーマンは、苦手な人もトリコになるおいしさ。
さば缶と塩昆布でだしいらず。夏の外出のお供に、おにぎりにするのもおすすめ。

材料（4人分）

米…2合
ピーマン…4〜5個
さば水煮缶…1缶（200g）
塩昆布…20g

A ┌ 酒…大さじ2
  │ みりん…大さじ2
  │ しょうゆ…大さじ½
  └ 塩…小さじ⅔

作り方

① 米は炊く30分前に洗ってざるに上げておく。ピーマンはヘタと種を除いてひと口大に切る。さば水煮缶は缶汁をきって粗くほぐす。

② 炊飯器の内釜に米、**A**を入れ、2合の目盛りまで水（分量外）を入れて混ぜる。ピーマン、さば水煮缶、塩昆布の順に重ねて広げ入れ、炊飯する。

③ 炊き上がったらざっくりと混ぜる。

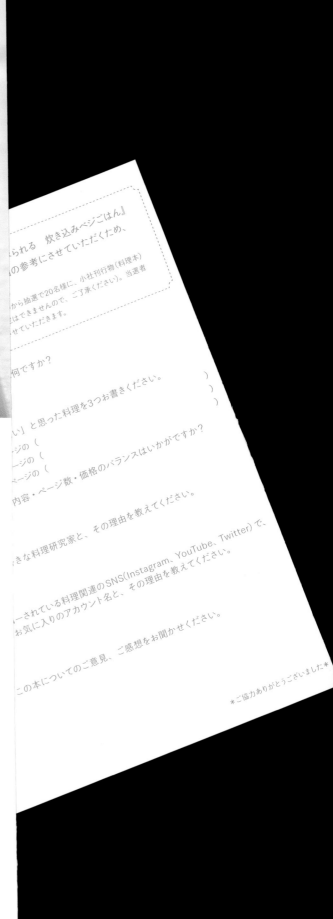

シャキシャキピーマンと牛肉の韓国ごはん

ピーマンは、炊き上がり後に蒸らして混ぜることで、ほどよく火が通った
シャキシャキ食感に。半ナマの絶妙な歯ごたえを甘辛ごはんにからめて。

材料 (4人分)

米…2合
ピーマン…4〜5個※後入れ
牛切り落とし肉…200g

塩…小さじ¼
A ┌ 酒…大さじ2
　　├ コチュジャン…大さじ2
　　├ しょうゆ…大さじ1
　　└ 塩…小さじ⅓
白いりごま…適量

作り方

① 米は炊く30分前に洗ってざるに上げて
おく。ピーマンはヘタと種を除いて縦に
細いせん切りにする。牛肉は塩をふる。

② 炊飯器の内釜に米、あらかじめ混ぜ
ておいた**A**を入れ、2合の目盛りまで
水(分量外)を入れて混ぜる。牛肉
を広げ入れ、炊飯する。

③ 炊き上がったらピーマンを広げ入れ、
もう一度ふたをする。5分ほど蒸らし、
ざっくりと混ぜる。器に盛りつけ、白
いりごまをふる。

粘度があるコチュジャン
は、ほかの調味料としっ
かり混ぜ合わせてから加
えることで、具材とごはん
にまんべんなく調味料が
いきわたる。

ズッキーニとたこの魚介だしごはん

生のままだとぼんやりした味のズッキーニは、加熱で甘さの本領を発揮。トロッとした食感でクセがなく、うま味の濃い魚介類によく合います。

材料（4人分）

米…2合
ズッキーニ…大1本（200g）
ボイルたこ（足）…2〜3本（150g）

A
- にんにく（すりおろす）
  …½片分
- 酒…大さじ2
- ナンプラー…大さじ2
- こしょう…少々

作り方

① 米は炊く30分前に洗ってざるに上げておく。ズッキーニは1cm幅の半月切りにする。ボイルたこは斜め薄切りにする。

② 炊飯器の内釜に米、**A**を入れ、2合の目盛りまで水（分量外）を入れて混ぜる。ズッキーニ、たこの順に重ねて広げ入れ、炊飯する。

③ 炊き上がったらざっくりと混ぜる。

ズッキーニとソーセージのカレーごはん

ほっこり甘いズッキーニが主役のほんのりカレー風味のごはん。仕上げのチーズでコクをしっかりきかせて、大人も子どもも大好きな味に。

材料（4人分）

米…2合
ズッキーニ…大1本（200g）
玉ねぎ…½個（100g）
ソーセージ…6本
ローリエ…2枚

A ┌ 白ワイン…大さじ3
　│ カレー粉…大さじ1
　│ 塩…小さじ⅔
　└ こしょう…少々

パルミジャーノ・レッジャーノ
（すりおろす）…適量

作り方

① 米は炊く30分前に洗ってざるに上げておく。ズッキーニは1cm幅の輪切り、玉ねぎはひと口大に切る。ソーセージは斜め切りにする。

② 炊飯器の内釜に米、**A**を入れ、2合の目盛りまで水（分量外）を入れて混ぜる。ローリエ、玉ねぎ、ズッキーニ、ソーセージの順に重ねて広げ入れ、炊飯する。

③ 炊き上がったらざっくりと混ぜる。器に盛りつけ、パルミジャーノ・レッジャーノをふる。

パルミジャーノ
・レッジャーノ

しっとりした食感に濃厚なうま味、豊かな香りが持ち味でイタリアチーズの王様とも呼ばれる。硬質なため、すりおろして使う。

レタスと鶏肉のナンプラーライス

レタスは炊き上がり後に入れて蒸らし、混ぜ込んでシャクシャクした
食感を味わいます。色が変わりやすいので、できたてをどうぞ。

材料（4人分）

米…2合
レタス…4〜5枚（100g）※後入れ
鶏もも肉…小1枚（200g）

塩…小さじ¼
A ┌ 酒…大さじ2
　　├ ナンプラー…大さじ2
　　└ こしょう…少々
ライム（くし形切り）、
　粗びき黒こしょう…各適量

作り方

① 米は炊く30分前に洗ってざるに上げておく。レタスはひと口大にちぎる。鶏肉はひと口大に切って塩をふる。

② 炊飯器の内釜に米、**A**を入れ、2合の目盛りまで水（分量外）を入れて混ぜる。鶏肉を広げ入れ、炊飯する。

③ 炊き上がったらレタスを広げ入れ、もう一度ふたをする。5分ほど蒸らしたらざっくりと混ぜ込み、もう一度ふたをして5分ほど蒸らす。器に盛りつけ、ライムを添え、粗びき黒こしょうをふる。

ししとうと豚バラのみそごはん

薄く切ったししとうのシャリッとした歯ざわり、青い香りとともに立ち上がる
かすかな苦みが暑い夏にピッタリ。やさしいみそ風味もよく合います。

材料（4人分）

米…2合
ししとうがらし
　…1パック（8〜10本）※後入れ
長ねぎ…1本（80g）
豚バラ薄切り肉…200g
塩…小さじ¼
A ┌ みそ…大さじ2
　　├ みりん…大さじ2
　　└ 塩…小さじ¼

作り方

① 米は炊く30分前に洗ってざるに上げておく。
長ねぎは1cm幅の斜め切りにする。豚肉は
2cm幅に切って塩をふる。

② 炊飯器の内釜に米、あらかじめ混ぜておい
た**A**を入れ、2合の目盛りまで水（分量外）
を入れて混ぜる。長ねぎ、豚肉の順に重ね
て広げ入れ、炊飯する。

③ ししとうがらしは切り口が黒くなりやすいの
で、炊き上がりのタイミングに合わせてごく
薄切りにして加え、ざっくりと混ぜる。

パプリカと豆もやしのしょうがごはん

肉厚でジューシーなパプリカは、細切りでも存在感たっぷり。豆もやしのコリコリ、シャキッとした歯ごたえとともに和風万能だれでいただきます。

材料（4人分）

米…2合
赤パプリカ…大1個（正味150g）
豆もやし…1袋（200g）

A ┌ しょうが（すりおろす）…1片分
  │ 酒…大さじ2
  │ みりん…大さじ2
  │ しょうゆ…大さじ2
  └ 塩…小さじ1/4
ごま油…大さじ1

作り方

① 米は炊く30分前に洗ってざるに上げておく。パプリカはヘタと種を除いて縦に細切り、豆もやしはできればひげ根を除く。

② 炊飯器の内釜に米、**A**を入れ、2合の目盛りまで水（分量外）を入れて混ぜる。パプリカ、豆もやしを広げ入れ、炊飯する。

③ 炊き上がったらごま油を回し入れ、ざっくりと混ぜる。

パプリカとハムのケチャップごはん

炊飯器でじっくり加熱したパプリカのプルッとした食感と濃厚な甘みは、くだものに匹敵するおいしさ。ケチャップ味のごはんで洋食屋さんの味に!

材料（4人分）

米…2合
赤パプリカ…大1個（正味150g）
黄パプリカ…大1個（正味150g）
ロースハム…4枚
ローリエ…2枚

A ┌ 白ワイン…大さじ3
　　├ トマトケチャップ…大さじ4
　　├ 塩…小さじ½
　　└ こしょう…少々

パセリ（みじん切り）…適量

作り方

① 米は炊く30分前に洗ってざるに上げておく。パプリカはヘタと種を除いて小さめのひと口大、ハムは粗みじん切りにする。

② 炊飯器の内釜に米、**A**を入れ、2合の目盛りまで水（分量外）を入れて混ぜる。ローリエ、パプリカ、ハムの順に重ねて広げ入れ、炊飯する。

③ 炊き上がったらざっくりと混ぜる。器に盛りつけ、パセリをふる。

いんげんと豚バラのザーサイごはん

豚バラのコク、ザーサイのうま味がいんげんになじむ中華風味のごはん。
いんげんは、鮮やかな緑色で豆の形が浮き出ていないものを選ぶと新鮮。

材料（4人分）

米…2合
さやいんげん…150g
豚バラ薄切り肉…200g
味つきザーサイ…30g

塩…小さじ¼

A
- 酒…大さじ2
- オイスターソース…大さじ3
- みりん…大さじ2
- 塩…少々

味つきザーサイ

からし菜の一種のコブの部分を
干して塩漬けにし、発酵後に香
辛料をまぶして熟成させた漬けも
の。うま味が強く、スープなどに
少量加えるだけでも風味が増す。

作り方

① 米は炊く30分前に洗ってざるに上げ
ておく。さやいんげんは2cm幅に切
る。豚肉は2cm幅に切り、塩をふる。
ザーサイは細切りにする。

② 炊飯器の内釜に米、**A**を入れ、2合
の目盛りまで水（分量外）を入れて混
ぜる。さやいんげん、豚肉、ザーサ
イの順に重ねて広げ入れ、炊飯する。

③ 炊き上がったらざっくりと混ぜる。

いんげんと油揚げの山椒ごはん

ほんのり甘いさやいんげんにピリッと辛い実山椒がアクセント。
噛むたびに口の中で弾け、さわやかな香りが広がります。

材料（4人分）

米…2合
さやいんげん…150g
油揚げ…1枚
実山椒（水煮）…大さじ1

A
酒…大さじ2
みりん…大さじ2
しょうゆ…大さじ2
塩…小さじ¼

作り方

① 米は炊く30分前に洗ってざるに上げ
ておく。さやいんげんは4cm幅の斜
め切りにする。油揚げはペーパータ
オルにはさんでおさえて油抜きし、横
半分に切って、縦に細切りにする。

② 炊飯器の内釜に米、**A**を入れ、2合
の目盛りまで水（分量外）を入れて混
ぜる。実山椒、さやいんげん、油揚
げの順に重ねて広げ入れ、炊飯する。

③ 炊き上がったらざっくりと混ぜる。

実山椒

初夏に収穫される山椒の未成
熟な実。食塩水に漬けた水煮
や塩漬けが販売されている。昆
布と佃煮にしたり、煮魚に加え
て臭み消しに使うことも。

丸ごととうもろこしごはん

味つけは酒と塩のみで、とうもろこしの弾ける甘さを最大限に生かします。
うま味たっぷりの芯も一緒に炊き込んで、旬を丸ごと味わって。

材料（4人分）

米…2合
とうもろこし…1本

A ┌ 酒…大さじ2
　└ 塩…小さじ2/3

作り方

① 米は炊く30分前に洗ってざるに上げ
ておく。とうもろこしは長さを半分に
切って、包丁で実をそぎとる。

② 炊飯器の内釜に米、**A**を入れ、2合
の目盛りまで水（分量外）を入れて
混ぜる。とうもろこしを広げ入れ、芯
ものせ、炊飯する（**a**）。

③ 炊き上がったら芯を除き、ざっくりと
混ぜる。

コリコリ枝豆のひじきごはん

コリコリ食感の枝豆とひじきの磯の香りで夏らしさいっぱい。
枝豆は時間とともに風味が落ちるので、購入した当日にゆでましょう。

材料 (4人分)

米…2合
枝豆…300g (正味150g) ※後入れ
芽ひじき (乾燥) …8g (大さじ1½)

A ┌ 酒…大さじ2
  │ みりん…大さじ2
  │ しょうゆ…大さじ½
  └ 塩…小さじ⅔

作り方

① 米は炊く30分前に洗ってざるに上げておく。
枝豆は熱湯で5分ほどゆでてさやから豆を取
り出す。芽ひじきはたっぷりの水に15分ほど
浸して戻し、水けをしっかりときる。

② 炊飯器の内釜に米、**A**を入れ、2合の目盛り
まで水 (分量外) を入れて混ぜる。芽ひじき
を広げ入れ、炊飯する。

③ 炊き上がったら枝豆を加えざっくりと混ぜる。

くずしかぼちゃのツナごはん

夏のかぼちゃは水分が多く甘さ控えめですが、炊飯器の加熱で
驚くほど甘くなります。ツナ缶はコクのあるオイル漬けが◎。

大きく切り分けたかぼちゃは皮
までやわらか。ざっくり混ぜる
と徐々にくずれ、ごはん全体
になじむ。

材料（4人分）

米…2合
かぼちゃ…¼個（正味300g）
ツナ缶（オイル漬け）…1缶（70g）
ローリエ…2枚

A ┌ 白ワイン…大さじ3
　　├ 塩…小さじ⅔
　　└ こしょう…少々

作り方

①　米は炊く30分前に洗ってざるに上げ
　　ておく。かぼちゃは種、ワタを除き
　　4等分に切る。ツナは缶汁をきる。

②　炊飯器の内釜に米、**A**を入れ、2合
　　の目盛りまで水（分量外）を入れて
　　混ぜる。ローリエ、かぼちゃ、ツナ
　　の順に重ねて広げ入れ、炊飯する。

③　炊き上がったら、かぼちゃをくずしな
　　がら切るようにざっくりと混ぜる。

PART3

秋野菜で作る
炊き込みベジごはん

実りの秋はお米も旬。新米はふっくら、もっちり。
みずみずしさと甘さを宿して食卓の主役に躍り出ます。
土の中から掘り起こされるさつまいも、ごぼう、かぶ、
じゃがいもなどの滋味深い味を重ねたら、
自然の恵みに思いを馳せたくなるごはんのできあがり。

Autumn

くずしさつまいものベーコンごはん

1本丸ごと炊き込んださつまいもは、ランダムにくずすのがポイント。
凝縮した甘さがごはん全体にいきわたり、ほっくりした食感も味わえます。

材料 (4人分)

米…2合
さつまいも…1本 (200g)
ブロックベーコン…120g
ローリエ…2枚

A ┌ 白ワイン…大さじ3
　├ 塩…小さじ⅔
　└ こしょう…少々

作り方

① 米は炊く30分前に洗ってざるに上げておく。さつまいもは皮つきのままよく洗い、両端を切り落とし、縦半分に切る。ベーコンは1cm幅の棒状に切る。

② 炊飯器の内釜に米、**A**を入れ、2合の目盛りまで水（分量外）を入れて混ぜる。ローリエ、さつまいもを入れ、さつまいもの周りにベーコンをのせ、炊飯する。

③ 炊き上がったら(**a**)、さつまいもを粗くくずし、切るようにざっくりと混ぜる(**b**)。

きのことすりおろしにんじんの彩りごはん

しめじとエリンギ、2種類のきのこを使って味に深みを出し、歯ざわりの
違いも楽しみます。にんじんのオレンジ色が彩りになりお弁当にも◎。

材料（4人分）

米…2合
しめじ…1パック（100g）
エリンギ…2本（100g）
にんじん…1本（150g）

A ┌ 酒…大さじ2
  │ みりん…大さじ2
  │ しょうゆ…大さじ½
  └ 塩…小さじ⅔

作り方

① 米は炊く30分前に洗ってざるに上げておく。し
  めじは石づきを除いてほぐす。エリンギは長さを
  半分に切って、手で食べやすくさく。にんじんは
  皮をむいてすりおろす。

② 炊飯器の内釜に米、**A**、すりおろしにんじんを
  入れ、2合の目盛りまで水（分量外）を入れて
  混ぜる。しめじ、エリンギをのせ、炊飯する。
  ※すりおろしにんじんは水分が多いので、例外としてにんじ
  んを加えてから水を加える。

③ 炊き上がったらざっくりと混ぜる。

きのこと玉ねぎのさば缶ごはん

香り高いまいたけとしいたけに、さばを組み合わせてボリュームアップ。
秋に旬を迎えるすだちのキリッとした酸味をきかせて、さっぱりいただきます。

材料（4人分）

米…2合
まいたけ…大1パック（150g）
生しいたけ…3枚
玉ねぎ…½個（100g）
さば水煮缶…1缶（200g）

A ┌ 酒…大さじ2
   │ みりん…大さじ2
   │ しょうゆ…大さじ2
   └ 塩…小さじ¼

すだち（半分に切る）…適量

作り方

① 米は炊く30分前に洗ってざるに上げておく。まいたけは食べやすくほぐし、生しいたけは薄切りにする。玉ねぎは1cm幅のくし形切りにする。さばは缶汁をきって粗くほぐす。

② 炊飯器の内釜に米、**A**を入れ、2合の目盛りまで水（分量外）を入れて混ぜる。玉ねぎ、まいたけ、生しいたけ、さばの順に重ねてのせ、炊飯する。

③ 炊き上がったらざっくりと混ぜる。器に盛りつけ、すだちを添える。

かぶと鶏ひき肉の梅菜ごはん

とろとろのかぶとシャッキシャキのかぶの葉。ひと口ほおばるたびに
やさしい甘さと梅の酸味が混じり合い、鶏のうま味が寄り添います。

材料（4人分）

米…2合
かぶ…3個（300g）
かぶの葉
　　…3個分（90g）※後入れ
鶏ひき肉…200g

A ┌ みりん…大さじ2
　　│ しょうゆ…大さじ½
　　└ 塩…小さじ½
梅干し…3個（正味30g）

作り方

① 米は炊く30分前に洗ってざるに上げてお
く。かぶは葉を切り落として皮をむき、8
等分のくし形切りにして横半分に切る。
葉は縦に細切りにしてから小口切りにする。
梅干しは種を除いて包丁で粗くたたく。

② 炊飯器の内釜に米、**A**を入れ、2合の目
盛りまで水（分量外）を入れて混ぜる。か
ぶ、ひき肉の順に重ねて広げ入れ、炊飯
する。

③ 炊き上がったらかぶの葉を広げ入れ、も
う一度ふたをする。10分ほど蒸らし、梅
干しを加え（**a**）、ざっくりと混ぜる。

かぶと油揚げの煮干しごはん

かぶの淡い風味に、煮干しのだしと油揚げのコクを加えて。
煮干しは一緒に炊き込むことでやわらかくなりうま味もアップ。

材料（4人分）

米…2合
かぶ…3個（300g）
かぶの葉
　…3個分（90g）※後入れ
油揚げ…1枚
煮干し…15g

A ┌ みりん…大さじ2
　　│ しょうゆ…大さじ½
　　└ 塩…小さじ½

作り方

① 米は炊く30分前に洗ってざるに上げておく。かぶは葉を切り落として皮をむき、8等分のくし形切りにする。葉は縦に細切りにしてから小口切りにする。油揚げはペーパータオルにはさんでおさえて油抜きし、横半分に切って、縦に細切りにする。煮干しは頭とワタを除いて半分に裂く。

② 炊飯器の内釜に米、**A**を入れ、2合の目盛りまで水（分量外）を入れて混ぜる。煮干し、かぶ、油揚げの順に重ねて広げ入れ、炊飯する。

③ 炊き上がったらかぶの葉を広げ入れ、もう一度ふたをする。10分ほど蒸らし、ざっくりと混ぜる。

煮干しの頭とはらわたには苦みやえぐみがあるため取り除く。鮮度のいい煮干しは青みがかった銀白色で、ややへの字に曲がった身をしている。

ごぼうとにんじんの鶏五目ごはん

ごぼうの素朴な香りをまとった具だくさんの炊き込みごはん。
野菜は大きさを揃えて切ると、味なじみがよく仕上がりもきれいです。

材料（4人分）

米…2合
ごぼう… ⅓本（60g）
にんじん… ⅓本（50g）
生しいたけ…3枚
こんにゃく（アク抜き済みのもの）
　…60g
鶏もも肉…小1枚（200g）

塩…小さじ¼
A┌ 酒…大さじ2
　│ みりん…大さじ2
　│ しょうゆ…大さじ2
　└ 塩…ひとつまみ

作り方

① 米は炊く30分前に洗ってざるに上げておく。ごぼうは皮をこそげ、ささがきにしてサッと水にさらして水けをきる。にんじんは皮をむいて3cm長さの細切りに、生しいたけは薄切り、こんにゃくは3cm長さの細切りにする。鶏肉は小さめのひと口大に切って塩をふる。

② 炊飯器の内釜に米、**A**を入れ、2合の目盛りまで水（分量外）を入れて混ぜる。ごぼう、にんじん、生しいたけ、こんにゃく、鶏肉の順に重ねて広げ入れ、炊飯する。

③ 炊き上がったらざっくりと混ぜる。

ごぼうのアク抜きは軽く水にさらせばOK。長くつけると、うま味まで抜けてしまうので注意。

たたきごぼうと牛肉の山椒しょうがごはん

ごぼうはたたいて繊維をほぐしてから大きめにカット。甘やかな香りと
ホロッとした食感を堪能します。牛肉のうま味も浸透して一石二鳥。

a

材料（4人分）

米…2合
ごぼう…1本（180g）
牛切り落とし肉…200g
しょうが（せん切り）…2片分

塩…小さじ¼
A ┌ 酒…大さじ2
　├ みりん…大さじ2
　└ しょうゆ…大さじ2
粉山椒…適量

作り方

① 米は炊く30分前に洗ってざるに上げ
ておく。ごぼうは皮をこそげ、麺棒な
どでたたいて割ってから（**a**）、4cm
幅に切り、サッと水にさらして水けを
きる。牛肉は塩をふる。

② 炊飯器の内釜に米、**A**を入れ、2合
の目盛りまで水（分量外）を入れて
混ぜる。しょうが、ごぼう、牛肉の
順に重ねて広げ入れ、炊飯する。

③ 炊き上がったらざっくりと混ぜる。器
に盛りつけ、粉山椒をふる。

粉山椒

完熟した山椒の外皮を乾燥さ
せて粉末にしたもの。さわやか
な香りと刺激的な辛さが特徴。
色や香りがとびやすいため、保
存は冷蔵庫がおすすめ。

ごぼうと貝割れ菜のコンビーフごはん

風味が強いごぼうによく合うコンビーフ。牛肉の脂でごはんがパラッと、
炒めたように仕上がります。貝割れ菜の辛みで箸がすすむこと間違いなし。

材料（4人分）

米…2合
ごぼう…1本（180g）
貝割れ菜…1パック※後入れ
コンビーフ…1缶（80g）

A ┌ 酒…大さじ2
　├ みりん…大さじ2
　├ しょうゆ…大さじ½
　└ 塩…小さじ⅔

作り方

① 米は炊く30分前に洗ってざるに上げておく。ごぼうは皮をこそげ、縦半分に切って斜め薄切りにし、サッと水にさらして水けをきる。貝割れ菜は根元を切る。コンビーフは粗くほぐす。

② 炊飯器の内釜に米、**A**を入れ、2合の目盛りまで水（分量外）を入れて混ぜる。ごぼう、コンビーフの順に重ねて広げ入れ、炊飯する。

③ 炊き上がったら貝割れ菜を加え、ざっくりと混ぜる。

じゃがいもと鮭のみそバターごはん

ホクホク感が増す秋のじゃがいもには、鮭の塩けとみそのコクを加えた
しっかりした味が◎。バターは炊き上がった後に加えて香りを立たせます。

材料（4人分）

米…2合
じゃがいも…2個（300g）
甘塩鮭の切り身
　　…小3切れ（240g）

A ┌ みそ…大さじ2
　　│ みりん…大さじ2
　　└ 塩…小さじ¼

バター…15g
万能ねぎ（小口切り）…適量

作り方

① 米は炊く30分前に洗ってざるに上げておく。じゃがいもは皮をむいて1cm幅の半月切りにする。

② 炊飯器の内釜に米、あらかじめ混ぜておいた **A** を入れ、2合の目盛りまで水（分量外）を入れて混ぜる。じゃがいも、鮭の順に重ねて広げ入れ、炊飯する。

③ 炊き上がったら鮭を取り出し、骨、皮を除いて粗くほぐし、戻し入れる。バターも加え、ざっくりと混ぜる。器に盛りつけ、万能ねぎをふる。

ホクホクれんこんの明太ごはん

旬のれんこんは肉厚で炊き込むとホックリ、じんわりとした甘さが明太子と相性抜群。れんこんを選ぶ際は、切り口が白く穴の大きさが均一なものを。

材料（4人分）

米…2合
れんこん…200g
辛子明太子…1腹（80g）

A
- 酒…大さじ2
- みりん…大さじ2
- しょうゆ…大さじ1
- 塩…小さじ½

刻みのり…適量

作り方

① 米は炊く30分前に洗ってざるに上げておく。れんこんは皮をむいて1cm幅のいちょう切りにする。明太子は薄皮を除いてほぐす。

② 炊飯器の内釜に米、**A**を入れ、2合の目盛りまで水（分量外）を入れて混ぜる。れんこん、明太子の順に重ねて広げ入れ、炊飯する。

③ 炊き上がったらざっくりと混ぜる。器に盛りつけ、刻みのりを添える。

れんこんと生ハムのオリーブライス

薄く切ったれんこんの歯ざわりは、クセになりそうなシャキッと食感。生ハムとジューシーなオリーブがごはんになじみ、ワインのお供にも◎。

グリーンオリーブ
オリーブの若い実。かすかな渋みとしっかりした果肉感が特徴。

材料（4人分）

米…2合
れんこん…200g
グリーンオリーブ（種抜き）
　…12個
タイム…3〜4本
A ┌ 白ワイン…大さじ3
　├ 塩…小さじ⅔
　└ こしょう…少々
生ハム…大4枚
オリーブオイル…大さじ1

作り方

①　米は炊く30分前に洗ってざるに上げておく。れんこんは皮をむいて2〜3mm幅のいちょう切りにする。生ハムは小さめのひと口大に切る。

②　炊飯器の内釜に米、Aを入れ、2合の目盛りまで水（分量外）を入れて混ぜる。タイム、れんこん、オリーブの順に重ねて広げ入れ、炊飯する。

③　炊き上がったら生ハム、オリーブオイルを加え（a）、ざっくりと混ぜる。

秋なすとツナのみそごはん

トロッとやわらかいなす、うま味の強いツナ、ほんのり甘いみそがごはんによくなじみます。なすは、ヘタの表面の筋がはっきり出てトゲが鋭いと新鮮です。

材料（4人分）

米…2合
なす…3本（240g）
ツナ缶（オイル漬け）
　…1缶（70g）

A ┌ みそ…大さじ2
　├ みりん…大さじ2
　└ 塩…小さじ⅓

作り方

① 米は炊く30分前に洗ってざるに上げておく。なすはヘタを切り落とし、1cm幅の半月切りにする。ツナは缶汁をきる。

② 炊飯器の内釜に米、あらかじめ混ぜておいた **A** を入れ、2合の目盛りまで水（分量外）を入れて混ぜる。なす、ツナ缶の順に重ねて広げ入れ、炊飯する。

③ 炊き上がったらざっくりと混ぜる。

秋なすと豚ひき肉のエスニックライス

夏に比べて皮が薄く水分たっぷりの秋なすは、やや大ぶりに切って形を残します。せん切りしょうがのさわやかな香りとシャリッとした食感を加えて。

材料（4人分）

米…2合
なす…3本（240g）
豚ひき肉…200g
しょうが（せん切り）
　…2片分
A ┌ 酒…大さじ3
　　├ ナンプラー…大さじ2
　　└ こしょう…少々

作り方

① 米は炊く30分前に洗ってざるに上げておく。なすはヘタを切り落とし、縦8つ割りにして長さを半分に切る（**a**）。

② 炊飯器の内釜に米、**A**を入れ、2合の目盛りまで水（分量外）を入れて混ぜる。しょうが、なす、ひき肉の順に重ねて広げ入れ、炊飯する。

③ 炊き上がったらざっくりと混ぜる。

a

チンゲン菜と牛肉のオイスターごはん

炒める手間いらずの中華風ごはん。チンゲン菜は炊き上がり後に加えることで、
シャッキリした葉の部分とジューシーな茎の部分を楽しみます。

材料 (4人分)

米…2合
チンゲン菜…大1株 (180g) ※後入れ
牛切り落とし肉…200g

塩…小さじ¼
A ┌ 酒…大さじ2
  │ オイスターソース…大さじ3
  │ みりん…大さじ2
  └ 塩…ひとつまみ
ごま油…大さじ1

作り方

① 米は炊く30分前に洗ってざるに上げておく。チンゲン菜は根元を切り落とし、1〜2cm四方程度に刻む。牛肉は塩をふる。

② 炊飯器の内釜に米、**A**を入れ、2合の目盛りまで水 (分量外) を入れて混ぜる。牛肉を広げ入れ、炊飯する。

③ 炊き上がったらチンゲン菜を広げ入れ、もう一度ふたをする。10分ほど蒸らし、ごま油を回し入れ、ざっくりと混ぜる。

しっとり<u>里いも</u>と<u>まいたけ</u>のみそごはん

まいたけのうま味を吸収した里いもが絶品。秋の香り漂うごはんです。
里いもは傷みやすいので、紙袋に入れて通気性のいい冷暗所で保存します。

材料 (4人分)

米…2合
里いも…6個 (450g、正味300g)
まいたけ…大1パック (150g)

A ┌ みそ…大さじ2
  │ みりん…大さじ2
  └ 塩…小さじ⅓

作り方

① 米は炊く30分前に洗ってざるに上げておく。里いもは皮をむいて、1cm幅の輪切りにする。まいたけは小さくほぐす。

② 炊飯器の内釜に米、あらかじめ混ぜておいたAを入れ、2合の目盛りまで水 (分量外) を入れて混ぜる。里いも、まいたけの順に重ねて広げ入れ、炊飯する。

③ 炊き上がったらざっくりと混ぜる。

長いもと紫玉ねぎのしらすアジアンライス

生で食べるイメージの長いもは、炊き込むと "トロッホクッ" の新しい食感に。
しらす干しと、いわしが原料のナンプラーで魚のうま味をしっかりきかせて。

材料（4人分）

米…2合
長いも…200g
紫玉ねぎ…½個（100g）
しらす干し…40g

A
┌ 酒…大さじ3
├ ナンプラー…大さじ2
└ こしょう…少々

パクチー（2cm幅に刻む）…適量
粗びき黒こしょう…適量

作り方

① 米は炊く30分前に洗ってざるに上げておく。長いもは皮をむいて1cm幅の半月切り、紫玉ねぎは1cm幅のくし形切りにする。

② 炊飯器の内釜に米、**A**を入れ、2合の目盛りまで水（分量外）を入れて混ぜる。長いも、紫玉ねぎ、しらす干しの順に重ねて広げ入れ、炊飯する。

③ 炊き上がったらざっくりと混ぜる。器に盛りつけ、パクチーを添え、粗びき黒こしょうをふる。

Winter

PART4

冬野菜で作る
炊き込みベジごはん

寒さが深まるにつれてどんどん甘みが増す冬野菜。
凍ってしまわないように糖分を増やして身を守っています。
冷たい空気にあたったブロッコリー、白菜、大根、ほうれん草は、
熱を通せばさらに甘くうま味も凝縮。
野菜たっぷりのほかほかごはんが、体と心を温めます。

くずしブロッコリーの塩にんにくごはん

ブロッコリーを1株使って甘みと香りをシンプルに味わいます。
捨ててしまいがちな軸も炊き込めばホックホク。いいだしが出ます。

材料（4人分）

米…2合
ブロッコリー…1株（300g）
にんにく（薄切り）…3片分

A ┌ 酒…大さじ3
　└ 塩…小さじ⅔

ごま油…大さじ1
レモン（くし形切り）…適量

作り方

① 米は炊く30分前に洗ってざるに上げておく。ブロッコリーは軸を切り落として4つ割りにし、軸は皮を厚めにむく（**a**）。

② 炊飯器の内釜に米、**A**を入れ、2合の目盛りまで水（分量外）を入れて混ぜる。にんにく、ブロッコリーを広げ入れ、炊飯する。

③ 炊き上がったら（**b**）、ごま油を回し入れ、ブロッコリーを粗くくずし、ざっくりと切るように混ぜる（**c**）。器に盛りつけ、レモンを添える。

ブロッコリーの塩昆布ごはん

炊き上がりのブロッコリーは驚くほどやわらか。しゃもじで混ぜる
うちに塩昆布やごはんとよくなじみます。おにぎりにもおすすめ。

材料（4人分）

米…2合
ブロッコリー…1株（300g）
塩昆布…20g

A ┌ 酒…大さじ2
 │ みりん…大さじ2
 │ しょうゆ…大さじ1
 └ 塩…小さじ½

作り方

① 米は炊く30分前に洗ってざるに上げてお
　く。ブロッコリーは軸を切り落として4つ
　割りにし、軸は皮を厚めにむく。

② 炊飯器の内釜に米、**A**を入れ、2合の目
　盛りまで水（分量外）を入れて混ぜる。ブ
　ロッコリー、塩昆布の順に重ねて広げ入
　れ、炊飯する。

③ 炊き上がったら、ブロッコリーを粗くくず
　し、切るようにざっくりと混ぜる（**a**）。

a

小松菜とザーサイの豚そぼろごはん

冬に甘みが増す小松菜はアクがなく、下ゆでいらずで使えます。
炊飯後に混ぜ込み、鮮やかな緑色とシャキシャキ感を生かして。

材料（4人分）

米…2合
小松菜…小1束（150g）※後入れ
味つきザーサイ…30g
豚ひき肉…200g

A ┌ 酒…大さじ3
　│ しょうゆ…大さじ½
　│ 塩…小さじ⅔
　└ こしょう…少々

作り方

① 米は炊く30分前に洗ってざるに上げておく。小松菜は根元を切り落として2cm幅に切る。ザーサイは細切りにする。

② 炊飯器の内釜に米、**A**を入れ、2合の目盛りまで水（分量外）を入れて混ぜる。ひき肉、ザーサイの順に重ねて広げ入れ、炊飯する。

③ 炊き上がったら小松菜を広げ入れ（**a**）、もう一度ふたをする。10分ほど蒸らし、ざっくりと混ぜる。

a

大根と豚バラのゆずごはん

甘くみずみずしい大根とジューシーな豚バラ肉にゆずのさわやかさをプラス。
果汁と皮は最後に加えて酸味と香りを際立たせます。

材料（4人分）

米…2合
大根… ¼本（300g）
豚バラ薄切り肉…200g

塩…小さじ¼
A ┌ 酒…大さじ2
  ├ みりん…大さじ2
  └ 塩…小さじ⅔
ゆず果汁…大さじ1
ゆず皮（せん切り）…適量

作り方

① 米は炊く30分前に洗ってざるに上げておく。大根は皮をむいて5mm厚さのいちょう切りにする。豚肉は5cm幅に切って塩をふる。

② 炊飯器の内釜に米、**A**を入れ、2合の目盛りまで水（分量外）を入れて混ぜる。大根、豚肉の順に重ねて広げ入れ、炊飯する。

③ 炊き上がったらゆず果汁を回し入れ、ざっくりと混ぜる。器に盛りつけ、ゆず皮をのせる。

大根とたこの菜っぱだしごはん

大根は角切りにするとシャキッとした歯ざわりになり存在感がアップ。
たこのうま味がしみた絶品ごはんに、大根の葉で彩りを添えて。

a

材料（4人分）

米…2合
大根…¼本（300g）
大根の葉…100g ※後入れ
ボイルたこ（足）
　…2〜3本（150g）

A ┌ 酒…大さじ4
　├ みりん…大さじ2
　└ 塩…小さじ⅔

だし汁（→P20）
　…適量（※約300㎖）
※炊飯器の目盛りに合わせて分量は調整

作り方

① 米は炊く30分前に洗ってざるに上げておく。大根は皮をむいて1.5cm角に切る。大根の葉は縦に切ってから薄い小口切りにする。ボイルたこは斜め薄切りにする。

② 炊飯器の内釜に米、**A**を入れ、2合の目盛りまでだし汁を入れて混ぜる。大根、たこの順に重ねて広げ入れ、炊飯する。

③ 炊き上がったら大根の葉を広げ入れ、もう一度ふたをする。10分ほど蒸らし（**a**）、ざっくりと混ぜる。

白菜と豚ひき肉のポン酢ごはん

鍋料理に欠かせない白菜、豚肉、ポン酢。ごはんと炊き込めば白菜の甘み、豚肉のコク、ポン酢の酸味が溶け合い想像以上のおいしさに。

材料（4人分）

米…2合
白菜…小1/8株（200g）
豚ひき肉…200g

A
- 酒…大さじ2
- ポン酢しょうゆ…大さじ4
- 塩…小さじ1/2

一味唐辛子…適量

作り方

① 米は炊く30分前に洗ってざるに上げておく。白菜は小さめのひと口大に切る。

② 炊飯器の内釜に米、**A**を入れ、2合の目盛りまで水（分量外）を入れて混ぜる。白菜、ひき肉の順に重ねて広げ入れ、炊飯する。

③ 炊き上がったらざっくりと混ぜる。器に盛りつけ、一味唐辛子をふる。

くたっと白菜のツナごはん

やわらかな葉先はくたっ、肉厚な葉元はジュワッ、食感の違いも味のうち。ごはんとなじむように、小さめのひと口大に切るのがポイントです。

材料（4人分）

米…2合
白菜…小1/8株（200g）
ツナ缶（オイル漬け）…1缶（70g）

A ┌ 酒…大さじ2
　├ みりん…大さじ2
　├ しょうゆ…大さじ2
　└ 塩…小さじ1/4
万能ねぎ（小口切り）…適量

作り方

① 米は炊く30分前に洗ってざるに上げておく。白菜は小さめのひと口大に切る。ツナ缶は缶汁をきる。

② 炊飯器の内釜に米、**A**を入れ、2合の目盛りまで水（分量外）を入れて混ぜる。白菜、ツナ缶の順に重ねて広げ入れ、炊飯する。

③ 炊き上がったらざっくりと混ぜる。器に盛りつけ、万能ねぎをふる。

春菊と豚肉のにんにくみそごはん

独特の苦みと香りを持つ春菊はゆでずに加え、葉の香りと茎の食感を
じっくり味わって。すりおろしにんにくをきかせたみそ味がよく合います。

材料（4人分）

米…2合
春菊…1パック（120g）※後入れ
豚こま切れ肉…200g

塩…小さじ¼
A ┌ にんにく（すりおろす）…½片分
　├ みそ…大さじ2
　├ みりん…大さじ2
　└ 塩…小さじ⅓

作り方

① 米は炊く30分前に洗ってざるに上げておく。春菊は
　葉を摘んで2〜3cm幅に刻み、軸は斜めにごく薄切
　りにする。豚肉は塩をふる。

② 炊飯器の内釜に米、混ぜた**A**を入れ（みそは混ざ
　りにくいので先に他の調味料と合わせておく）、2合
　の目盛りまで水（分量外）を入れて混ぜる。豚肉を
　広げ入れ、炊飯する。

③ 炊き上がったら春菊を広げ入れ、もう一度ふたをす
　る。3分ほど蒸らし、ざっくりと混ぜる。

春菊と油揚げのごまだしごはん

油揚げのコクが春菊のクセをほどよくやわらげます。やさしい味つけで、
焼き魚や煮魚と合わせても◎。特有のほろ苦さに至福を感じる大人の味。

材料（4人分）

米…2合
春菊…1パック（120g）※後入れ
油揚げ…1枚

A ┌ 酒…大さじ4
　　│ みりん…大さじ2
　　│ 塩…小さじ2/3
　　└ しょうゆ…小さじ1
だし汁（→P20）…適量（※約300㎖）
※炊飯器の目盛りに合わせて分量は調整

白いりごま…大さじ1

作り方

① 米は炊く30分前に洗ってざるに上げておく。春
菊は葉を摘んで2〜3cm幅に刻み、軸は斜めに
ごく薄切りにする。油揚げはペーパータオルに
はさんでおさえて油抜きし、横半分に切って、縦
に細切りにする。

② 炊飯器の内釜に米、**A**を入れ、2合の目盛りまで
だし汁を入れて混ぜる。油揚げを広げ入れ、炊
飯する。

③ 炊き上がったら春菊を広げ入れ、もう一度ふた
をする。3分ほど蒸らし、白いりごまを加え、ざ
っくりと混ぜる。

水菜とじゃこの梅だしごはん

ほおばるたびに水菜がシャキシャキ。軽やかな歯ざわりに、梅干しの酸味と
じゃこのうま味が合い、食欲のない日も箸が進む"いたわりごはん"。

材料（4人分）

米…2合
水菜…½束（100g）※後入れ
ちりめんじゃこ…30g

A
- 酒…大さじ4
- 塩…小さじ½
- みりん…大さじ2
- しょうゆ…大さじ½

だし汁（→P20）…適量（※約300㎖）
※炊飯器の目盛りに合わせて分量は調整

梅干し…3個（正味30g）
白いりごま…大さじ1

作り方

① 米は炊く30分前に洗ってざるに上げておく。水菜は2cm幅に切る。梅干しは種を除いて包丁で粗くたたく。

② 炊飯器の内釜に米、**A**を入れ、2合の目盛りまでだし汁を入れて混ぜる。ちりめんじゃこを広げ入れ、炊飯する。

③ 炊き上がったら水菜を広げ入れ、もう一度ふたをする。5分ほど蒸らし、梅干し、白いりごまを加え（**a**）、ざっくりと混ぜる。

ほうれん草とほたての中華ごはん

生のまま混ぜ込んだほうれん草が、貝のだしがしみたごはんにマッチ。
オイスターソースの深いうま味がきいたチャーハンのような一杯。

材料（4人分）

米…2合
ほうれん草
　…小1束（150g）※後入れ
長ねぎ…1本（80g）
ボイルほたて
　…1パック（10個、100g）

A
- 酒…大さじ2
- オイスターソース…大さじ3
- みりん…大さじ2
- 塩…小さじ⅓

作り方

① 米は炊く30分前に洗ってざるに上げておく。ほう
れん草は根元を切り落として2cm幅に切る。長
ねぎは斜め薄切りにする。

② 炊飯器の内釜に米、**A**を入れ、2合の目盛りま
で水（分量外）を入れて混ぜる。長ねぎ、ボイ
ルほたての順に重ねて広げ入れ、炊飯する。

③ 炊き上がったらほうれん草を広げ入れ、もう一
度ふたをする。5分ほど蒸らし、ざっくりと混ぜる。

せりと鶏肉のエスニックライス

鍋具材の名コンビ・せりと鶏肉をエスニック風味のごはんに。
シャキシャキしたせりがさわやかに香り、ライムを絞ると風味が増します。

材料 (4人分)

米…2合
せり…1束 (120g、正味80g) ※後入れ
鶏もも肉…小1枚 (200g)
しょうが (せん切り) …2片分
塩…小さじ¼
A ┌ 酒…大さじ3
  │ ナンプラー…大さじ2
  └ こしょう…少々
ライム (くし形切りを半分に切る)
　　…適量

作り方

① 米は炊く30分前に洗ってざるに上げておく。せ
りは根元を切り落とし、3cm幅に切る。鶏肉は
小さめのひと口大に切って塩をふる。

② 炊飯器の内釜に米、**A**を入れ、2合の目盛りま
で水 (分量外) を入れて混ぜる。しょうが、鶏
肉の順に重ねて広げ入れ、炊飯する。

③ 炊き上がったらせりを広げ入れ、もう一度ふた
をする。3分ほど蒸らし、ざっくりと混ぜる。器
に盛りつけ、ライムを添える。

カリフラワーとたらのレモンライス

淡い甘さのカリフラワーに同じく冬が旬のたらを合わせて。
どちらもクセがないぶん、レモンとタイムをしっかりきかせてワンランク上の味に。

タイム
渋みとさわやかな香りが特徴の
ハーブ。魚介類や肉類の臭み
消しに用いられる。

材料 (4人分)

米…2合
カリフラワー
　　…大$\frac{1}{2}$株（300g）
甘塩たらの切り身
　　…小3切れ（240g）
レモン（国産）…$\frac{1}{2}$個
タイム…3〜4本

A ┌ 白ワイン…大さじ3
　├ 塩…小さじ$\frac{2}{3}$
　└ こしょう…少々
粗びき黒こしょう…少々

作り方

① 米は炊く30分前に洗ってざるに上げておく。カリフラワーは4つ割りにし、余分な葉を除く。レモンは厚めの輪切りにする。

② 炊飯器の内釜に米、**A**を入れ、2合の目盛りまで水（分量外）を入れて混ぜる。カリフラワーを入れ、カリフラワーの周りにたら、レモン、タイムをのせ、炊飯する。

③ 炊き上がったらたらを取り出し、骨を除いて粗くほぐし、戻し入れる。カリフラワーをくずしながら切るようにざっくりと混ぜる。器に盛りつけ、粗びき黒こしょうをふる。

カリフラワーとルッコラのベーコンごはん

ホロホロとろけるカリフラワーがごはんにからんで、やさしい味に。
ルッコラの苦みとうま味のあるベーコンが主役を引き立てます。

材料（4人分）

米…2合
カリフラワー…大1/2株（300g）
ブロックベーコン…120g
ローリエ…2枚

A 白ワイン…大さじ3
塩…小さじ2/3
こしょう…少々

ルッコラ…適量

作り方

① 米は炊く30分前に洗ってざるに上げておく。カリフラワーは4つ割りにし、余分な葉を除く。ベーコンは1cm幅の棒状に切る。

② 炊飯器の内釜に米、**A**を入れ、2合の目盛りまで水（分量外）を入れて混ぜる。ローリエ、カリフラワーを入れ、カリフラワーの周りにベーコンをのせ、炊飯する。

③ 炊き上がったらカリフラワーをくずしながら、切るようにざっくりと混ぜる。器に盛りつけ、ルッコラを添える。

世界の炊き込みベジごはん

ししとうとチキンのビリヤニ風ごはん

スパイスと肉を炊き込んだビリヤニは、お祝いの日にも振る舞われるインドの国民食。ほろ苦いししとうがエキゾチックな味とよく合います。

材料（4人分）

バスマティライス…2合
ししとうがらし…2パック（16〜20本）
玉ねぎ…½個（100g）
鶏手羽元…8本
ローリエ…2枚
シナモンスティック…1本
赤唐辛子（種を除く）…1本
塩…小さじ⅓

A ┌ にんにく（すりおろし）…½片分
　├ プレーンヨーグルト…大さじ3
　├ カレー粉…大さじ1
　├ 白ワイン…大さじ2
　├ ガラムマサラ…小さじ1
　├ クミンシード…小さじ½
　└ 塩…小さじ⅔

バター…20g
パクチー（2cm幅に切る）、
　紫玉ねぎ（薄切り）…各適量

作り方

① バスマティライスは炊く30分前に洗ってざるに上げておく。玉ねぎは粗みじん切りにする。手羽元は塩をふる。

② 炊飯器の内釜に米、**A**を入れ、2合の目盛りまで水（分量外）を入れて混ぜる。ローリエ、シナモンスティック、赤唐辛子、玉ねぎ、ししとうがらし、手羽元の順に重ねて広げ入れ、炊飯する。

③ 炊き上がったらバターを加え、ざっくりと混ぜる。器に盛りつけ、パクチー、紫玉ねぎを添える。

バスマティライス

インドで高級米とされるバスマティライスは、粘りけが少なく軽い食感が特徴。細長い粒が折れやすいので、洗うときは力を入れすぎないようにする。

シナモンスティック、
ガラムマサラ、クミンシード

ビリヤニに欠かせないのが香りと風味が増すスパイス。今回は甘い香りのシナモンスティック、辛みがあるガラムマサラ、刺激的な香りとほろ苦さを持つクミンシードを使用。

豆もやしとにんじんのビビンバ風ごはん

韓国料理のビビンバは、ナムルや肉炒めとごはんを混ぜ合わせて食べます。
炊飯器で野菜も肉も一度に炊き込んで作るからとっても簡単！

材料（4人分）

米…2合
豆もやし…1袋（200g）
にんじん…1本（150g）
牛こま切れ肉…200g

塩…小さじ¼
A ┌ 酒…大さじ2
  │ コチュジャン…大さじ2
  │ しょうゆ…大さじ1
  └ 塩…小さじ⅓
ごま油…大さじ1
温泉卵、白菜キムチ、
　万能ねぎ（小口切り）、糸唐辛子、
　コチュジャン…各適量

作り方

① 米は炊く30分前に洗ってざるに上げておく。豆もやしはできればひげ根を除く。にんじんは皮をむき、スライサー（なければ包丁）で短い細切りにする。牛肉は塩をふる。

② 炊飯器の内釜に米、あらかじめ混ぜておいた **A** を入れ、2合の目盛りまで水（分量外）を入れて混ぜる。にんじん、豆もやし、牛肉の順に重ねて広げ入れ、炊飯する。

③ 炊き上がったらごま油を回し入れ、ざっくりと混ぜる（**a**）。器に盛りつけ、温泉卵をのせ、白菜キムチ、万能ねぎ、糸唐辛子、コチュジャンを添える。

a

パプリカとバジルのガパオ風ごはん

ナンプラーの香りが印象的なガパオは、鶏肉とバジルを炒めるタイ発祥の料理。
炊き込んだパプリカがとろけて米にからみ、ごはん全体に甘みが広がります。

材料（4人分）

ジャスミンライス…2合
赤パプリカ…大2個（正味300g）
バジル…30g ※後入れ
鶏ひき肉…200g

A ┌ 酒…大さじ2
 │ オイスターソース…大さじ2
 │ ナンプラー…大さじ1と½
 └ こしょう…少々

目玉焼き（好みの加減に焼く）
　…適量

ジャスミンライス

タイでは"香り米"と呼ばれ、コ
コナッツのような甘い香りとあ
っさりした味が特徴。力を入れ
ずにサッとすぐように洗う。

作り方

① ジャスミンライスは炊く30分前に洗ってざるに上げておく。パプリカはヘタと種を除き、横半分に切って縦に細切りにする。バジルは葉を摘む。

② 炊飯器の内釜に米、**A**を入れ、2合の目盛りまで水（分量外）を入れて混ぜる。パプリカ、ひき肉の順に重ねて広げ入れ、炊飯する。

③ 炊き上がったらバジルを加え、ざっくりと混ぜる。器に盛りつけ、目玉焼きをのせる。

ピーマンとセロリのジャンバラヤ風ごはん

ジャンバラヤは、アメリカのルイジアナ州で親しまれている郷土料理。
ピーマンのほろ苦さとセロリの香りが、スパイシーなごはんのよき相棒に。

材料（4人分）

米…2合
ピーマン…3個（80g）
セロリの茎…1本（100g）
セロリの葉…1本分（15g）※後入れ
玉ねぎ…½個（100g）
にんにく（みじん切り）…1片分
レッドキドニービーンズ（水煮）
　　…100g
ソーセージ…6本
ローリエ…2枚

A ┌ 白ワイン…大さじ2
　├ チリパウダー…大さじ1
　├ パプリカパウダー…小さじ1
　└ 塩…小さじ¾
ライム（くし形切り）…適量

作り方

① 米は炊く30分前に洗ってざるに上げておく。ピーマンはヘタと種を除き、セロリ、玉ねぎとともに1cm角に切る。ソーセージは小口切りにする。セロリの葉はざく切りにする。

② 炊飯器の内釜に米、**A**を入れ、2合の目盛りまで水（分量外）を入れて混ぜる。ローリエ、にんにく、玉ねぎ、セロリの茎、ピーマン、レッドキドニービーンズ、ソーセージの順に重ねて広げ入れ、炊飯する。

③ 炊き上がったらセロリの葉を加えてざっくりと混ぜる。器に盛りつけ、ライムを添える。

チリパウダー、
パプリカパウダー

チリパウダーは赤唐辛子をベースにクミン、オレガノ、ガーリックなどをミックスした辛みのあるスパイス。パプリカパウダーは鮮やかな赤い色とほのかな甘み、マイルドな香りが特徴。

炊き込みベジおこわ

さつまいもおこわ

味つけはシンプルに塩をきかせ、さつまいもの甘みを引き立てます。
ホクホク系なら鳴門金時、しっとり系なら紅はるかなど品種は好みで。

材料（4人分）

米…1合
もち米…1合
さつまいも…大1本（300g）

A ┌ 酒…大さじ2
　├ みりん…大さじ2
　└ 塩…小さじ2/3
黒いりごま…適量

作り方

① 米、もち米は合わせて炊く30分前に洗ってざるに上げておく。さつまいもは皮つきのまま1cm厚さの半月切りにする。

② 炊飯器の内釜に米、Aを入れ、おこわモード2合の目盛り（白米モードの場合1.5〜2合の目盛りの間）写真参照まで水（分量外）を入れて混ぜる。さつまいもを広げ入れ、炊飯する。

③ 炊き上がったらさっくりと混ぜる。器に盛りつけ、黒いりごまをふる。

米ともち米の割合は1対1。もちもち感は出しつつ、お腹に重すぎず食べやすいおこわになる。

れんこんときのこの鶏おこわ

厚めに切ったれんこんがホックリ。2種のきのこでうま味をしっかり。
冷めてももちもち感が強いおこわはお弁当におすすめです。

材料（4人分）

米…1合
もち米…1合
れんこん…150g
まいたけ…1パック（100g）
生しいたけ…4枚
鶏もも肉…小1枚（200g）

塩…小さじ1/4
A ┌ 酒…大さじ2
　├ みりん…大さじ2
　├ しょうゆ…大さじ2
　└ 塩…ひとつまみ

作り方

① 米、もち米は合わせて炊く30分前に洗ってざるに上げておく。れんこんは皮をむき1cm幅のいちょう切り、まいたけは食べやすくほぐし、生しいたけは薄切りにする。鶏肉は小さめのひと口大に切って塩をふる。

② 炊飯器の内釜に米、Aを入れ、おこわモード2合の目盛り（白米モードの場合1.5〜2合の目盛りの間）写真参照まで水（分量外）を入れて混ぜる。れんこん、まいたけ、生しいたけ、鶏肉の順に重ねて広げ入れ、炊飯する。

③ 炊き上がったらさっくりと混ぜる。

米ともち米は一緒に洗い、30分ざるに上げておく。炊飯器で炊くときは浸水せずに使用する。

おこわモードがない場合は、通常の白米モードを選び"白米目盛り"1.5〜2合の間に合わせて少なめに水加減。※白米と同じ水加減にすると水分量が多すぎて、失敗の原因に。

にんじんと栗の中華おこわ

角切りのにんじんとしいたけ、ゴロッと感のある栗で食べごたえ十分。
コクのあるオイスターソースと豚バラ肉の脂が味に深みを出します。

材料（4人分）

米…1合
もち米…1合
にんじん…1本（150g）
栗（皮つき）…400g
生しいたけ…4枚
豚バラ薄切り肉…150g

塩…小さじ¼

A ┌ 酒…大さじ2
  │ オイスターソース
  │   …大さじ2
  │ しょうゆ…大さじ1
  │ 砂糖…大さじ1
  └ 塩…小さじ¼
ごま油…大さじ1

作り方

① 米、もち米は合わせて炊く30分前に洗ってざるに上げておく。栗は熱湯に30分以上浸して外側の硬い皮（鬼皮）をむきやすくする。鬼皮と内側の渋皮をむいて、半分～4等分に切り、切ったものから水にさらして水けをきる。皮をむいたにんじん、生しいたけは1.5cm角に切る。豚肉は1cm幅に切って塩をふる。

② 炊飯器の内釜に米、**A**を入れ、おこわモード2合の目盛り（白米モードの場合1.5～2合の目盛りの間）^{P85参照}まで水（分量外）を入れて混ぜる。にんじん、生しいたけ、栗、豚肉の順に重ねて広げ入れ、炊飯する。

③ 炊き上がったら、ごま油を回し入れ、さっくりと混ぜる。

栗のザラザラした部分に包丁の刃元を入れ、外側の鬼皮を引っ張り上げながらむいていく。次に繊維状の渋皮を少しずつむく。栗は変色や乾燥を防ぐため、水を張ったボウルに入れておく。

たけのこ山菜おこわ

たけのこ、ふき、わらびなどのすがすがしい香りをまとったおこわは大人の味わい。
油揚げは、油抜きのひと手間で調味料のなじみがよくなります。

材料（4人分）

米…1合
もち米…1合
ゆでたけのこ（→P20）
  …150g
山菜水煮ミックス
  …1パック（100g）
油揚げ…1枚

A ┌ 酒…大さじ4
  │ みりん…大さじ2
  │ しょうゆ…大さじ½
  └ 塩…小さじ⅔

作り方

① 米、もち米は合わせて炊く30分前に洗ってざるに上げておく。たけのこは穂先を3cmほどの薄いくし形切り、軸を3cmほどの薄切りにする。山菜水煮ミックスは水けをきる。油揚げはペーパータオルにはさんでおさえて油抜きし、横半分に切って、縦に細切りにする。

② 炊飯器の内釜に米、**A**を入れ、おこわモード2合の目盛り（白米モードの場合1.5～2合の目盛りの間）^{P85参照}まで水（分量外）を入れて混ぜる。たけのこ、山菜水煮ミックス、油揚げの順に重ねて広げ入れ、炊飯する。

③ 炊き上がったらさっくりと混ぜる。

山菜水煮

わらびやぜんまいなどの山菜をアク抜きして、水や塩水で煮たもの。季節を問わずに煮ものやそばに加えられる。

市瀬悦子 （いちせ・えつこ）

料理研究家。多くの料理研究家のアシスタントを経て独立。「おいしくて、作りやすい家庭料理」をテーマに、書籍、雑誌、イベントのほか、NHK『きょうの料理』『あさイチ』などのテレビ番組でも活躍中。普段のおかずからおもてなし料理まで、身近な食材を使いながらもアイデアが光るレシピで人気を集めている。今回、試作と撮影を通して消費したお米は30kg以上。「毎日お米と向き合い、あらためてお米のおいしさを感じる日々でした」。著書に『がんばらない作りおき200』（小社刊）、『のせて焼くだけ。毎日のオーブンレシピ』（ワン・パブリッシング）など多数。

公式サイト　http://www.e-ichise.com
Instagram　@ichise_etsuko

炊き込みベジごはん

著　者　市瀬悦子
編集人　足立昭子
発行人　倉次辰男
発行所　株式会社 主婦と生活社
　　　　〒104-8357　東京都中央区京橋3-5-7
　　　　tel.03-3563-5321（編集部）
　　　　tel.03-3563-5121（販売部）
　　　　tel.03-3563-5125（生産部）
　　　　https://www.shufu.co.jp
　　　　ryourinohon@mb.shufu.co.jp
印刷所　凸版印刷株式会社
製本所　共同製本株式会社
ISBN978-4-391-15966-0

Staff

デザイン	鳥沢智沙
撮影	豊田朋子
スタイリング	佐々木カナコ
調理アシスタント	織田真理子、小阪泉
取材	廣瀬亮子
校閲	滄流社
編集	芹口由佳

撮影協力

UTUWA
東京都渋谷区千駄ヶ谷3-50-11
明星ビルディング1階
tel.03-6447-0070